FORMER DE VÉRITABLES DISCIPLES DU CHRIST

Former de Véritables Disciples du Christ

Un manuel pour faciliter la formation des disciples dans de petits groupes, des églises de maison, et les voyages missionnaires à courte durée dans le but du développement des églises.

Par Daniel B. Lancaster, Docteur

Publié par : T4T Press ; Premier tirage, 2011

Tous les droits réservés. Aucune partie de ce livre peut être reproduite ou partagé dans aucune forme et par aucun moyen électronique ou physique, y compris la photocopie, l'enregistrement audio ou autre système de reproduction et stockage, sans l'accord écrit de l'auteur, à l'exception de l'inclusion de petites citations dans une révision.

Copyright 2011 par Daniel B. Lancaster

ISBN 978-1-938920-10-3 imprimé

Tous les citations de la Bible dans le texte originel, sauf indication contraire, sont tires de HOLY BIBLE, NEW INTERNATIONAL VERSION®, NIV® copyright © 1973, 1978, 1984 par International Bible Society, avec la permission de Zondervan. Tous les droits réservés.

Les citations marquées (NLT) sont tires dans le texte original du The Holy Bible, New Living Translation, Copyright © 1996, 2004, avec la permission de Tyndale House Publishers, Inc., Wheaton, Illinois, 60189. Tous les droits réservés.

Les citations marquées (NASB) sont tires dans le texte original du NEW AMERICAN STANDARD BIBLE ®, Copyright © 1960, 1962, 1963, 1968, 1971, 1972, 1973, 1975, 1977, 1995 par The Lockman Foundation. Tous les droits réservés.

Les citations marquées (HCSB) sont tires dans le texte original du Holman Christian Standard Bible® Copyright © 2003, 2002, 2000, 1999 par Holman Bible Publishers. Tous les droits réservés.

Les citations marquées (CEV) sont tires dans le texte original du Contemporary English Version Copyright © 1995 par American Bible Society. Utilisation autorisée.

Données du Library of Congress Cataloging-in-Publication

Lancaster, Daniel B., Former de véritable disciples du Christ: Un manuel pour faciliter la formation des disciples dans de petits groupes, des églises de maison, et les voyages missionnaires à courte durée dans le but du développement des églises. / Daniel B. Lancaster.

Comprend des références bibliographiques.

ISBN 978-1-938920-10-3

1. Formation à Suivre Jésus : Formation de base des disciples – Etats-Unis, Titre I

Table des matières

Leçons

Soyez les bienvenus 5
Multiplier 9
Amour 15
Prière 23
Obéissance 31
Marcher 39
Aller 47
Partager 53
Semer 59
Prendre 67

Reference

Formation des formateurs 73
Adoration pure 79
Etudes Approfondies 83

1

Soyez les bienvenus

Le chapitre *Soyez les bienvenus* ouvre les stages ou les séminaires de formation en présentant les formateurs et les apprenants. Les formateurs présentent aux apprenants huit images de Jésus en tant que : Soldat, Chercheur, Berger, Semeur, Fils, Saint, Serviteur et Commissaire – avec des correspondances dans le geste de mains. Puisque les gens apprennent en écoutant, en voyant et en pratiquant, le cours *Suivre la Formation de Jésus* intègre chacun de ces styles d'étude à chaque session.

La Bible dit que le Saint Esprit est notre professeur; les apprenants sont encouragés à dépendre de l'Esprit au cours de la formation. La session finit par ouvrir un « salon de thé » pour créer une atmosphère plus détendue pour les formateurs et les apprenants, le type de cadre que les disciples partageaient avec Jésus.

Louanges

Debut

Présentation des formateurs

Présentation des apprenants

Présentation de Jésus

HUIT IMAGES DE JESUS DANS LA BIBLE

🖐 Soldat
>Tirez l'épée de son fourreau

🖐 Chercheur
>Regardez en avant et en arrière, la main au-dessus des yeux.

🖐 Berger
>Déplacez les bras vers votre corps comme si vous réunissez des personnes.

🖐 Semeur
>Semez des graines avec la main

🖐 Fils
>Déplacez les mains vers la bouche comme si vous mangiez.

🖐 Saint
>Mettez les mains dans la position classique pour la prière.

🖐 Serviteur
>Maniez un marteau.

🖐 Commissaire
>Prenez l'argent de la poche ou de la bourse

Quelles sont les trois styles grâces auxquels nous apprenons mieux ?

🖐 Ecouter

   Mettez vos mains sur les oreilles.

🖐 Voir

   Montrez vos yeux

🖐 Agir

   Faites un mouvement de rotation de la main

Fin

Le Salon du Thé Est Ouvert ! ✿

> *–Luc 7:31-35– A qui donc comparerai-je les hommes de cette génération, et à qui ressemblent-ils? Ils ressemblent aux enfants assis dans la place publique, et qui, se parlant les uns aux autres, disent: Nous vous avons joué de la flûte, et vous n'avez pas dansé; nous vous avons chanté des complaintes, et vous n'avez pas pleuré. Car Jean Baptiste est venu, ne mangeant pas de pain et ne buvant pas de vin, et vous dites: Il a un démon. Le Fils de l'homme est venu, mangeant et buvant, et vous dites: C'est un mangeur et un buveur, un ami des publicains et des gens de mauvaise vie. Mais la sagesse a été justifiée par tous ses enfants.(CEV)*

2

Multiplier

La section *Multiplier* nous présente Jésus en tant que commissaire : les commissaires désirent de bons rendements pour leur temps et pour leur marchandise, et ils désirent vivre une vie de vérité, d'honnêteté et de droiture.

Les apprenants acquièrent une vision sur la reproduction en explorant 1) le premier commandement donné par Dieu à l'homme, 2) le dernier commandement donné par Jésus à l'homme, 3) le Principe 222 et 4) les différences entre la Mer de Galilée et la Mer Morte. La leçon finit par un sketch d'apprentissage actif qui démontre la différence dans « la récolte », ou le fruit, entre la formation des autres et la formation de soi-même. Les apprenants sont défiés à enseigner aux gens comment louer, prier, étudier la parole de Dieu et le ministère. Grâce à cet investissement de temps, de trésor et d'intégrité, les apprenants pourront offrir à Jésus un don magnifique quand ils Le rencontrent au Paradis.

Louange

Priere

Etude

Révision

Quelles Sont les Huit Images qui Nous Aident à Suivre Jésus ?

Notre Vie Spirituelle Est Comme Un Ballon ෴

A quoi ressemble Jésus ?

> *—Matthieu 6:20-21— Mais amassez-vous des trésors dans le ciel, où la teigne et la rouille ne détruisent point, et où les voleurs ne percent ni ne dérobent. Car là où est ton trésor, là aussi sera ton cœur.*

 Faites semblant de prendre de l'argent de votre poche ou bourse

Nommez trois Choses Qu'un Commissaire Fait !

> *—Matthieu 25:14-28— Il en sera comme d'un homme qui, partant pour un voyage, appela ses serviteurs, et leur remit ses biens. Il donna cinq talents à l'un, deux à l'autre, et un*

au troisième, à chacun selon sa capacité, et il partit. Aussitôt celui qui avait reçu les cinq talents s'en alla, les fit valoir, et il gagna cinq autres talents. De même, celui qui avait reçu les deux talents en gagna deux autres. Celui qui n'en avait reçu qu'un alla faire un creux dans la terre, et cacha l'argent de son maître. Longtemps après, le maître de ces serviteurs revint, et leur fit rendre compte. Celui qui avait reçu les cinq talents s'approcha, en apportant cinq autres talents, et il dit: Seigneur, tu m'as remis cinq talents; voici, j'en ai gagné cinq autres. Son maître lui dit: C'est bien, bon et fidèle serviteur; tu as été fidèle en peu de chose, je te confierai beaucoup; entre dans la joie de ton maître. Celui qui avait reçu les deux talents s'approcha aussi, et il dit: Seigneur, tu m'as remis deux talents; voici, j'en ai gagné deux autres. Son maître lui dit: C'est bien, bon et fidèle serviteur; tu as été fidèle en peu de chose, je te confierai beaucoup; entre dans la joie de ton maître. Celui qui n'avait reçu qu'un talent s'approcha ensuite, et il dit: Seigneur, je savais que tu es un homme dur, qui moissonnes où tu n'as pas semé, et qui amasses où tu n'as pas vanné; j'ai eu peur, et je suis allé cacher ton talent dans la terre; voici, prends ce qui est à toi. Son maître lui répondit: Serviteur méchant et paresseux, tu savais que je moissonne où je n'ai pas semé, et que j'amasse où je n'ai pas vanné; il te fallait donc remettre mon argent aux banquiers, et, à mon retour, j'aurais retiré ce qui est à moi avec un intérêt. Otez-lui donc le talent, et donnez-le à celui qui a les dix talents. (HCSB)

1. _____

2. _____

3. _____

Quel a été le Premier Commandement Donné par Dieu à l'Homme ?

> *–Genèse 1:28– Dieu les bénit et leur dit: «Reproduisez-vous, devenez nombreux, remplissez la terre et soumettez-la! Dominez sur les poissons de la mer, sur les oiseaux du ciel et sur tout animal qui se déplace sur la terre!» (NASB)*

Quel a été le Dernier Commandement Donné par Jésus à l'Homme ?

> *–Marc 16:15 – Puis il leur dit: Allez par tout le monde, et prêchez la bonne nouvelle à toute la création.*

Comment est-ce que Je Peux Etre Fécond et me Multiplier ?

> *–2 Timothée 2:2– Et ce que tu as entendu de moi en présence de beaucoup de témoins, confie-le à des hommes fidèles, qui soient capables de l'enseigner aussi à d'autres. (NASB)*

Mer de Galilée / Mer Morte ⌘

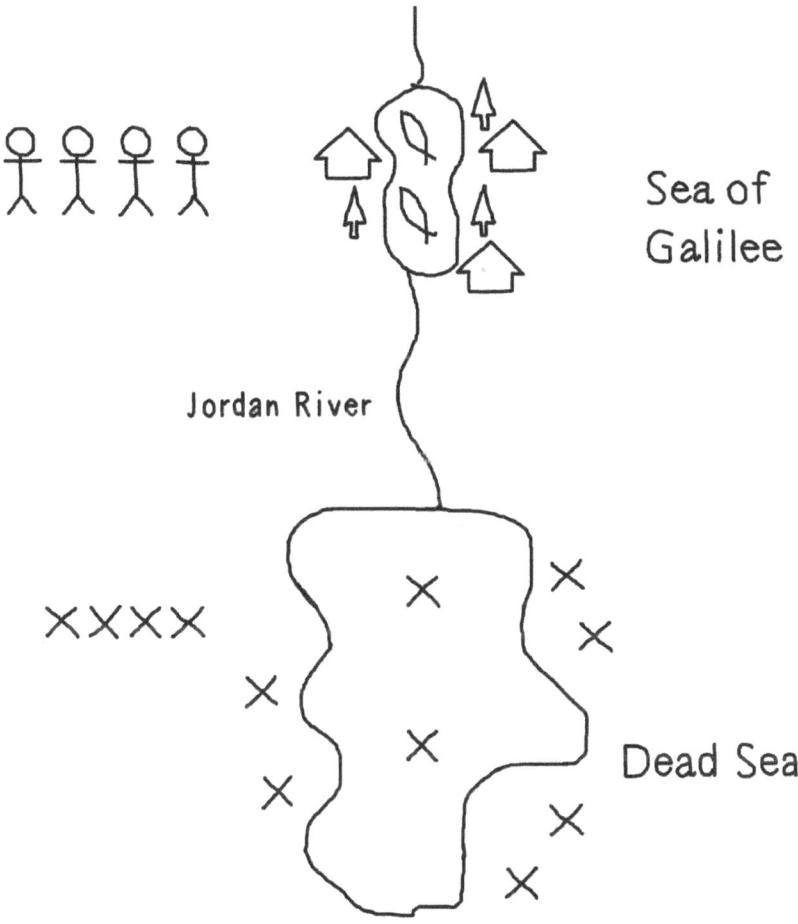

Verset à apprendre par cœur

–Jean 15:8– Si vous portez beaucoup de fruit, c'est ainsi que mon Père sera glorifié, et que vous serez mes disciples.

Pratique

« La personne *la plus jeune* de la paire sera le leader. »

Fin

Un don pour Jésus ଔ

- Faire des louanges
  Levez les mains pour faire l'éloge de Dieu.

- Prier
  Mettez les mains dans la position classique pour la prière.

- Etudier la Bible
  Levez les mains comme si vous lisiez un livre.

- Parler de Jésus à d'autres personnes
  Tenez la main comme si vous répandiez des graines

3

Amour

Dans la section *Amour* Jésus est présenté en tant que berger : les bergers mènent, protègent, et nourrissent leurs moutons. Nous « nourrissons » les personnes quand nous leur enseignons la parole de Dieu, mais quelle devrait être la première chose que nous enseignons aux gens au sujet de Dieu ? Les apprenants lisent le commandement le plus important, identifient la source de l'amour, et découvrent comment adorer à partir du commandement le plus important.

Les apprenants apprennent à mener un groupe de disciple avec quatre éléments clé : louanges (aimer Dieu de tout son cœur), prière (aimer Dieu de tout son âme), étude de la Bible (aimer Dieu de tout son esprit), et pratique d'une compétence (ainsi nous pouvons aimer Dieu de toute notre force). Un sketch final, « Un mouton et des tigres » démontre le besoin de beaucoup de groupes de disciple parmi les croyants.

Louanges

Priere

1. Comment est-ce que nous pouvons prier pour le groupe que nous formons ?
2. Si un partenaire n'avait commencé la formation auparavant, priez pour personnes potentielles dans leur sphère d'influence qu'ils peuvent commencer à former.

Etude

Révision

Quelles Sont les Huit Images qui Nous Aident à Suivre Jésus ?

Multiplier
Nommez trois choses qu'un commissaire fait !
Quel a été le premier commandement donné par Dieu à l'homme ?
Quel a été le dernier commandement donné par Jésus à l'homme ?
Comment est-ce que je peux être fécond et me multiplier ?
Quelles sont les deux mers d'Israël ?
Pourquoi est-ce qu'elles sont si différentes ?
A quelle mer est-ce que je veux ressembler ?

A quoi ressemble Jésus ?

—Marc 6:34— Quand il sortit de la barque, Jésus vit une grande foule, et fut ému de compassion pour eux, parce qu'ils étaient comme des brebis qui n'ont point de berger; et il se mit à leur enseigner beaucoup de choses. (NASB)

 Déplacez les bras vers votre corps comme si vous réunissez des personnes.

Nommez trois choses que le berger fait !

—Psaumes 23:1-6— L'Eternel est mon berger: je ne manquerai de rien. Il me fait prendre du repos dans des pâturages bien verts, il me dirige près d'une eau paisible. Il me redonne des forces, il me conduit dans les sentiers de la justice à cause de son nom. Même quand je marche dans la sombre vallée de la mort, je ne redoute aucun mal car tu es avec moi. Ta conduite et ton appui: voilà ce qui me réconforte. Tu dresses une table devant moi, en face de mes adversaires; tu verses de l'huile sur ma tête et tu fais déborder ma coupe. Oui, le bonheur et la grâce m'accompagneront tous les jours de ma vie et je reviendrai dans la maison de l'Eternel pour éternité. (NASB)

1. _____

2. _____

3. _____

Quel est le commandement le plus important à enseigner aux autres ?

—Marc 12:28 – 31– Un des spécialistes de la loi, qui les avait entendus discuter, vit que Jésus avait bien répondu aux sadducéens. Il s'approcha et lui demanda: «Quel est le plus important de tous les commandements?» Jésus répondit: «Voici le plus important: Ecoute, Israël, le Seigneur, notre Dieu, est l'unique Seigneur. Aime le Seigneur, ton Dieu, de tout ton cœur, de toute ton âme, de toute ta pensée et de toute ta force. Voici le deuxième: Aime ton prochain comme tu aime toi-même. Il n'y a pas d'autre commandement plus grand que ceux-là.»

1. _____

    ✋ Levez les mains vers Dieu.

2. _____

    ✋ Tendez la main aux autres personnes.

D'où vient l'amour ?

—1 Jean 4:7-8– Mes chers amis, aimons-nous les uns les autres, car l'amour vient de Dieu. Celui qui aime est né de Dieu et il connaît Dieu. Qui n'aime pas n'a pas connu Dieu, car Dieu est amour.

_____

✋ Levez les mains comme si vous receviez l'amour et ensuite rendez l'amour à Dieu.

✋ Levez les mains comme si vous receviez l'amour ensuite tenez les mains comme si vous le partagiez, le donniez aux autres.

Que signifie L'Adoration Pure ?

✋ Louanges
> Levez les mains pour faire des louanges à Dieu.

✋ Prière
> Mettez les mains dans la position classique pour la prière.

✋ Etude
> Levez les mains comme si vous lisiez un livre.

✋ Pratique
> Bougez les mains en avant et en arrière comme si vous répandiez des graines.

Pourquoi est-ce que Nous Avons l'Adoration Pure ?

—Marc 12:30 Tu aimeras donc le Seigneur, ton Dieu, de tout ton cœur, de toute ton âme, de toute ta pensée et de toute ton énergie.

Nous ...	Donc nous	Mouvements de la main
Aimons Dieu de tout notre cœur	Faisons des louanges	✋ Mettez la main sur votre poitrine et ensuite levez la main pour faire des louanges à Dieu.
Aimons Dieu de toute notre âme	Prions	✋ Ouvrez les bras et ensuite mettez-les dans la position classique pour la prière.
Aimons Dieu de tout notre esprit	Etudions	✋ Mettez les mains dans la partie droite de la tête comme si vous étiez en train de réfléchir, et ensuite tenez la main comme si vous lisiez un livre
Aimons Dieu de toute notre force	Partageons ce que nous avons appris (agissons)	✋ Levez les mains et tendez les muscles, ensuite tenez la main comme si vous répandiez des graines

Il Faut Combien de Personnes pour l'Adoration Pure ?

—Matthieu 18:20— Car là où deux ou trois sont ensemble en mon nom, je suis présent au milieu d'eux.

Verset à apprendre par cœur

—Jean 13:34-35— Je vous donne un commandement nouveau : Aimez-vous les uns les autres. Oui, comme je vous ai aimés, aimez-vous les uns les autres. A ceci, tous reconnaîtront que vous êtes mes disciples : à l'amour que vous aurez les uns pour les autres. (NLT)

Pratique

« La personne *la plus âgée* de la paire sera le leader. »

Fin

Adoration Pure

1. Qu'est-ce que cette histoire nous indique-t-elle au sujet de Dieu ?
2. Qu'est-ce que cette histoire nous indique-t-elle au sujet des gens?
3. Comment est-ce que cette histoire m'aidera-t-elle à suivre Jésus ?

Pourquoi est-il Important pour Vous de Former un Groupe de Disciples ?

MOUTONS ET TIGRES ☙

4

Prière

Dans la section *Prière* Jésus est présenté aux apprenants en tant que Saint. Il a vécu une vie sainte et est mort pour nous sur la croix. Dieu nous commande d'être des saints puisque nous suivons Jésus. Un saint adore Dieu, vit une vie sainte, et prie pour d'autres personnes. Suivre l'exemple de Jésus dans la prière, faire des louanges à Dieu, nous nous repentons de nos péchés, demandons à Dieu les choses dont nous avons besoin, et rendons ce qu'il nous demande de faire.

Dieu répond à nos prières dans une de quatre manières : non (si nous demandons avec des raisons erronées), lentement (si ce n'est pas le bon moment), mûrissez (si nous devons développer plus de maturité avant qu'Il donne la réponse), ou allez (quand nous prions selon Sa Parole et Sa volonté). Les apprenants mémorisent le numéro du téléphone de Dieu, 3-3-3, basé sur Jérémie 33:3 et sont encouragés « à appeler » Dieu chaque jour.

Louanges

Priere

1. Comment est-ce que nous pouvons prier pour les personnes perdues dont nous savons qu'elles peuvent être sauvées ?
2. Comment est-ce que nous pouvons prier pour le groupe que nous sommes en train de former ?

Etude

Le Jeu du Téléphone ∞

Révision

Quelles Sont les Huit Images qui Nous Aident à Suivre Jésus ?

Multiplier
Nommez trois choses qu'un commissaire fait !
Quel a été le premier commandement donné par Dieu à l'homme ?
Quel a été le dernier commandement donné par Jésus à l'homme ?
Comment est-ce que je peux être fécond et me multiplier ?
Quelles sont les deux mers d'Israël ?
Pourquoi est-ce qu'elles sont si différentes ?
A quelle mer est-ce que je veux ressembler ?

Amour
Nommez trois choses qu'un berger fait !
Quel est le commandement le plus important à enseigner aux autres ?
D'où vient l'amour ?

Que signifie l'Adoration Pure ?
Pourquoi est-ce que nous avons l'Adoration Pure ?
Il faut combien de personne pour l'Adoration Pure ?

A quoi ressemble Jésus ?

–-Luc 4:33-35– Dans la synagogue se trouvait un homme sous l'emprise d'un esprit mauvais et démoniaque. Il se mit à crier d'une voix puissante: « Ah! Qu'est-ce que tu nous veux, Jésus de Nazareth? Es-tu venu pour nous détruire? Je sais qui tu es: le Saint, envoyé par Dieu. » Mais, d'un ton sévère, Jésus lui ordonna: « Tais-toi, et sors de cet homme! » Le démon jeta l'homme par terre, au milieu des assistants, et sortit de lui, sans lui faire aucun mal.

 Mettez les mains dans la position classique pour la prière.

Nommez Trois Choses qu'un Saint Fait !

–Mattieu 21:12-16– Jésus entra dans la cour du Temple. Il en chassa tous les marchands, ainsi que leurs clients. Il renversa les comptoirs des changeurs d'argent, ainsi que les chaises des marchands de pigeons, et il leur dit: « Il est écrit: On appellera ma maison une maison de prière, mais vous, vous en faites un repaire de brigands. » Des aveugles et des paralysés s'approchèrent de lui dans la cour du Temple et il les guérit. Quand les chefs des prêtres et les spécialistes de la Loi virent les miracles extraordinaires qu'il venait d'accomplir, quand ils entendirent les cris des enfants dans la cour du Temple: «Hosanna au Fils de David!», ils se mirent en colère et lui

dirent: « *Tu entends ce qu'ils crient ?* » « *Oui* », *leur répondit Jésus.* « *Vous, n'avez-vous donc jamais lu cette parole:De la bouche des tout petits et de celle des nourrissons, tu as su tirer ta louange ?* »

1. _____

2. _____

3. _____

Comment est-ce que Nous Devrons Prier ?

– Luc 10:21– Au même moment, Jésus fut transporté de joie par le Saint-Esprit et s'écria: « Je te loue, ô Père, Seigneur du ciel et de la terre, parce que tu as caché ces vérités aux sages et aux intelligents, et que tu les as dévoilées à ceux qui sont tout petits. Oui, Père, car dans ta bonté, tu l'as voulu ainsi. » (NASB)

1. _____

✋ Les mains levées pour les louanges.

–Luc 18:10-14– Deux hommes montèrent au Temple pour prier: un pharisien et un collecteur d'impôts. Le pharisien, debout, faisait intérieurement cette prière: «O Dieu, je te remercie pour que je ne suis avare, malhonnête et adultère comme les autres hommes, et en particulier comme ce collecteur d'impôts là-bas. Moi, je jeûne deux jours par semaine, je donne

dix pour cent de tous mes revenus.» Le collecteur d'impôts se tenait dans un coin retiré, et n'osait même pas lever les yeux au ciel. Mais il se frappait la poitrine et murmurait: «O Dieu, aie pitié du pécheur que je suis!» Je vous l'assure, c'est ce dernier et non pas l'autre qui est rentré chez lui déclaré juste par Dieu. Car celui qui s'élève sera abaissé; celui qui s'abaisse sera élevé. (CEV)

2. _____

✋ Les paumes sont la protection extérieure du visage; la tête détournée.

–Luc 11:9– Ainsi, moi je vous le dis: Demandez, et vous recevrez; cherchez, et vous trouverez; frappez, et l'on vous ouvrira. (HCSB)

3. _____

✋ Mains évasées pour recevoir.

–Luc 22:42– « O Père, si tu le veux, écarte de moi cette coupe! Toutefois, que ta volonté soit faite, et non la mienne. » (HCSB)

4. _____

✋ Les mains dans la position pour la prière, placées en haut du front pour symboliser le respect.

Prier ensemble

Comment est-ce que Dieu Nous Répondra ?

—Matthieu 20:20-22— Alors, la femme de Zébédée, la mère de Jacques et de Jean, s'approcha de Jésus avec ses fils. Elle se prosterna devant lui pour lui demander une faveur. « Que désires-tu ? » lui demanda-t-il. Elle lui répondit : « Voici mes deux fils. Promets-moi de faire siéger l'un à ta droite, l'autre à ta gauche, dans ton royaume. » Jésus leur répondit : « Vous ne vous rendez pas compte de ce que vous demandez. Pouvez-vous boire la coupe que je vais boire ? » « Oui, lui répondirent-ils, nous le pouvons. » (NLT)

1. _____

   Hochez la tête de droite à gauche pour « non ».

—Jean 11:11-15— Après avoir dit cela, il ajouta : « Notre ami Lazare s'est endormi ; je vais aller le réveiller. » Sur quoi les disciples lui dirent : « Seigneur, s'il dort, il est en voie de guérison. » En fait, Jésus voulait dire que Lazare était mort, mais les disciples avaient compris qu'il parlait du sommeil ordinaire. Alors il leur dit clairement : « Lazare est mort, et je suis heureux, à cause de vous, de n'avoir pas été là-bas à ce moment-là. Car cela contribuera à votre foi. Mais maintenant, allons auprès de lui. »

2. _____

   Les mains poussées en bas comme si vous ralentissiez une voiture.

–Luc 9:51-56– *Lorsque le temps approcha où Jésus devait être enlevé de ce monde, il décida de manière résolue de se rendre à Jérusalem. Il envoya devant lui quelques messagers. En cours de route, ils entrèrent dans un village de la Samarie pour lui préparer un logement. Mais les Samaritains lui refusèrent l'hospitalité, parce qu'il se rendait à Jérusalem. En voyant cela, ses disciples Jacques et Jean s'écrièrent: « Seigneur, veux-tu que nous commandions à la foudre de tomber du ciel sur ces gens-là, pour les réduire en cendres? » Mais Jésus, se tournant vers eux, les reprit sévèrement: « Vous ne savez pas quel esprit vous inspire de telles pensées! Le Fils de l'homme n'est pas venu pour faire mourir les hommes, mais pour les sauver. » Ils se rendirent alors à un autre village. (NLT)*

3. _____

✋ Présentez une plante qui pousse, qui grandit.

–Jean 15:7– *Mais si vous demeurez en moi, et que mes paroles demeurent en vous, demandez ce que vous voudrez, vous l'obtiendrez. (NLT)*

4. _____

✋ Hochez la tête de haut en bas pour « oui » et bougez les mains en avant, comme pour « aller ».

Verset à apprendre par cœur

–Luc 11:9– *Ainsi, moi je vous le dis: Demandez, et vous recevrez; cherchez, et vous trouverez; frappez, et l'on vous ouvrira. (HCSB)*

Pratique

« La personne *la plus petite de taille* de la paire sera le leader. »

Fin

Le Numéro de Téléphone de Dieu ✠

—Jérémie 33:3— Invoque-moi, et je te répondrai, je te révélerai de grandes choses et des choses secrètes que tu ne connais pas. (NASB)

Deux mains – Dix doigts ✠

5

Obéissance

Dans la section *Obéissance* Jésus est présenté aux apprenants en tant que Serveur : les serveurs aident les gens, ils ont un cœur humble, et ils obéissent à leur maître. Nous servons et suivons Jésus maintenant de la même manière que Jésus a servi et a suivi Son Père. En tant que le tout-puissant, Il nous a donné quatre commandements auxquels il faut obéir : allez, faites des disciples, baptisez-les, et enseignez-leur à obéir à tout ce qu'Il leur a commandé. Jésus a également promis d'être toujours avec nous. Quand Jésus donne un commandement, nous devrions toujours y obéir de tous nos cœurs pleins d'amour.

Les tempêtes de la vie arrivent à tout le monde, mais le sage construit sa vie tout en obéissant aux commandements de Jésus ; l'homme insensé ne le fait pas. En conclusion, les apprenants commencent la Carte des 29 Actes, une image de leur champ de récolte, qu'ils présenteront à la fin du séminaire pour les disciples.

Louanges

Priere

1. Comment est-ce que je peux prier pour les personnes perdues mais dont tu sais qu'elles peuvent être sauvées ?
2. Comment est-ce que nous pouvons prier pour le groupe que nous formons ?

Etude

Faites la danse des canards ! ⊗

Révision

Quelles Sont les Huit Images qui Nous Aident à Suivre Jésus ?

Multiplier
Nommez trois choses qu'un commissaire fait !
Quel a été le premier commandement donné par Dieu à l'homme ?
Quel a été le dernier commandement donné par Jésus à l'homme ?
Comment est-ce que je peux être fécond et me multiplier ?
Quelles sont les deux mers d'Israël ?
Pourquoi est-ce qu'elles sont si différentes ?
A quelle mer est-ce que je veux ressembler ?

Amour
Nommez trois choses qu'un berger fait !
Quel est le commandement le plus important à enseigner aux autres ?
D'où vient l'amour ?

Que signifie l'Adoration Pure ?
Pourquoi est-ce que nous avons l'Adoration Pure ?
Il faut combien de personne pour l'Adoration Pure ?

Prier
Nommez trois choses qu'un berger fait !
Comment est-ce que nous devrions prier ?
Comment est-ce que Dieu nous répondra ?
Quel est le numéro de téléphone de Dieu ?

A quoi ressemble Jésus ?

> *–Marc 10:45– Car le Fils de l'homme n'est pas venu pour se faire servir, mais pour servir lui-même et donner sa vie en rançon pour beaucoup. (NLT)*

 Faites semblant de marteler.

Nommez Trois Choses qu'un Serveur Fait !

> *–Philippiens 2:5-8– Ayez en vous les sentiments qui étaient en Jésus-Christ: existant en forme de Dieu, il n'a point regardé son égalité avec Dieu comme une proie à arracher, mais il s'est dépouillé lui-même, en prenant une forme de serviteur, en devenant semblable aux hommes; et il a paru comme un vrai homme, il s'est humilié lui-même, se rendant obéissant jusqu'à la mort, même jusqu'à la mort sur la croix !*

1. _____

2. _____

3. _____

Qui A Le Plus Grand Pouvoir sur La Terre ?

–Matthieu 28:18– Jésus, s'étant approché, leur parla ainsi: « Tout pouvoir m'a été donné dans le ciel et sur la terre. »

_____

Nommez les Quatre Commandements que Jésus a Donnés à Chaque Croyant ?

–Matthieu 28:19-20a– Allez, faites de toutes les nations des disciples, les baptisant au nom du Père, du Fils et du Saint-Esprit, et enseignez-leur à observer tout ce que je vous ai prescrit.

1. _____

   ✋ Déplacez les doigts en avant «pour aller ».

2. _____

   ✋ Utilisez tous les quatre mouvements de l'Adoration Pure : louanges, prière, étude, pratique.

3. _____

   ✋ Mettez votre main sur votre coude opposé; déplacez le coude en haut et en bas comme si quelqu'un est baptisé.

4. _____

   ✋ Remontez les mains comme si vous lisiez un livre, et déplacez alors le «livre» de gauche à droite comme si vous enseigniez aux gens.

Comment est-ce que Nous Devrions Obéir à Jésus ?

1. _____

   ✋ Déplacez les mains de gauche à droite.

2. _____

   ✋ Déplacez les mains du haut en bas avec un mouvement tranchant.

3. _____

   ✋ Mettez les mains en forme de croix sur la poitrine, ensuite levez les mains pour faire des louanges à Dieu.

Qu'est-Ce Que Jesus A Promis A Chaque Croyant ?

—Matthieu 28:20b— Et voici: je suis moi-même avec vous chaque jour, jusqu'à la fin du monde.

Verset à Apprendre Par Cœur

—Jean 15:10— Si vous obéissez à mes commandements, vous demeurerez dans mon amour, tout comme moi-même j'ai obéi aux commandements de mon Père et je demeure dans son amour. (NLT)

Pratique

« La personne *la plus grande de taille* de la paire sera le leader. »

Fin

Construire sur Une Vraie Fondation ⚜

—Matthieu 7:24-25— C'est pourquoi, celui qui écoute ce que je dis et qui l'applique, ressemble à un homme sensé qui a bâti sa maison sur le roc. Il a plu à verse, les fleuves ont débordé, les vents ont soufflé avec violence, ils se sont déchaînés contre cette maison: elle ne s'est pas effondrée, car ses fondations reposaient sur le roc. (CEV)

—Matthieu 7:26-27— Mais celui qui écoute mes paroles sans faire ce que je dis, ressemble à un homme assez fou pour construire sa maison sur le sable. Il a plu à verse, les fleuves ont débordé, les vents ont soufflé avec violence, ils se sont déchaînés contre cette maison: elle s'est effondrée et sa ruine a été complète. (CEV)

Carte des 29 Actes - Partie 1 ❧

6

Marcher

Dans la section *Marcher* Jésus est présenté aux apprenants comme un Fils : un fils/ une fille honore son père, désire l'unité et veut que la famille réussisse. Le Père appelé Jésus « le bien-aimé » et le Saint Esprit est descendu sur Jésus à Son baptême. Jésus avait réussi dans Son ministère parce qu'Il a dépendu du pouvoir du Saint Esprit.

De la même façon, nous devons dépendre du pouvoir du Saint Esprit dans nos vies. Nous avons quatre commandements à obéir au sujet du Saint Esprit : Marcher avec l'Esprit, n'attristez pas le Saint Esprit, être rempli de l'Esprit et ne pas éteindre le Saint Esprit. Jésus est avec nous aujourd'hui et Il veut nous aider tout comme Il a aidé les gens sur les routes de Galilée. Nous pouvons faire appel à Jésus si nous avons besoin de guérison pour quelque chose qui nous empêche de Le suivre.

Louanges

Priere

1. Comment est-ce que je peux prier pour les personnes perdues mais dont tu sais qu'elles peuvent être sauvées ?
2. Comment est-ce que nous pouvons prier pour le groupe que nous formons ?

Etude

Hors gaz ↔

Révision

Quelles Sont les Huit Images qui Nous Aident à Suivre Jésus ?

Multiplier
Nommez trois choses qu'un commissaire fait !
Quel a été le premier commandement donné par Dieu à l'homme ?
Quel a été le dernier commandement donné par Jésus à l'homme ?
Comment est-ce que je peux être fécond et me multiplier ?
Quelles sont les deux mers d'Israël ?
Pourquoi est-ce qu'elles sont si différentes ?
A quelle mer est-ce que je veux ressembler ?

Amour
Nommez trois choses qu'un berger fait !
Quel est le commandement le plus important à enseigner aux autres ?
D'où vient l'amour ?

Que signifie l'Adoration Pure ?
Pourquoi est-ce que nous avons l'Adoration Pure ?
Il faut combien de personnes pour l'Adoration Pure ?

Prier
Nommez trois choses qu'un berger fait !
Comment est-ce que nous devrions prier ?
Comment est-ce que Dieu nous répondra ?
Quel est le numéro de téléphone de Dieu ?

Obéir
Nommez trois choses qu'un servant fait.
Qui a le plus grand pouvoir ?
Quels sont les quatre commandements que Jésus a donnés à chaque croyant ?
Comment est-ce que nous devrions obéir à Jésus ?
Qu'est-ce que Jésus nous a promis ?

A quoi ressemble Jésus ?

> *—Matthieu 3:16-17— Aussitôt après avoir été baptisé, Jésus sortit de l'eau. Alors le ciel s'ouvrit pour lui et il vit l'Esprit de Dieu descendre sous la forme d'une colombe et venir sur lui. En même temps, une voix venant du ciel fit entendre ces paroles: Celui-ci est mon Fils bien-aimé, celui qui fait toute ma joie. (HCSB)*

 Déplacez les mains vers la bouche comme si vous mangiez. Les enfants mangent beaucoup!

Nommez Trois Choses qu'Un Fils Fait.

> —Jean 17:4, 18-21—(Jésus dit...) J'ai fait connaître ta gloire sur la terre en accomplissant l'œuvre que tu m'avais confiée. Comme tu m'as envoyé dans le monde, moi aussi je les y envoie. Et je me consacre moi-même à toi pour eux, pour qu'ils soient, à leur tour, consacrés à toi par la vérité. Ce n'est pas seulement pour eux que je te prie; c'est aussi pour ceux qui croiront en moi grâce à leur témoignage. Je te demande qu'ils soient tous un. Comme toi, Père, tu es en moi et comme moi je suis en toi, qu'ils soient un en nous pour que le monde croie que c'est toi qui m'as envoyé. (NLT)

1. _____

2. _____

3. _____

Pourquoi est-ce que Le Ministère de Jésus a eu Tant de Succès ?

> —Luc 4:14— Jésus, rempli de la puissance de l'Esprit, retourna en ★Galilée. Sa réputation se répandit dans toute la région. (NASB)

_____

Qu'est-ce que Jésus A Promis aux Croyants Sur le Saint Esprit Avant la Crucifixion ?

> —Jean 14:16-18— Et moi, je demanderai au Père de vous donner un autre Défenseur de sa cause, afin qu'il reste pour toujours avec vous: c'est l'Esprit de vérité, celui que le monde

est incapable de recevoir parce qu'il ne le voit pas et ne le connaît pas. Quant à vous, vous le connaissez, car il demeure auprès de vous, et il sera en vous. Non, je ne vous laisserai pas seuls comme des orphelins, mais je reviendrai vers vous.

1. _____

2. _____

3. _____

4. _____

Qu'est-ce que Jésus A Promis aux Croyants Sur le Saint Esprit Après la Résurrection ?

—Actes 1:8— Mais le Saint-Esprit descendra sur vous: vous recevrez sa puissance et vous serez mes témoins à Jérusalem, dans toute la Judée et la Samarie, et jusqu'au bout du monde. (NLT)

_____

Quels Sont Les Quatre Commandements à Obéir au Sujet du Saint Esprit ?

—Galates 5:16— Je vous dis donc ceci: laissez le Saint-Esprit diriger votre vie, et vous n'obéirez pas aux désirs qui animent l'homme livré à lui-même. (NASB)

1. _____

   ✋ Bougez les doigts des deux mains comme si vous marchiez.

−Ephésiens 4:30− N'attristez pas le Saint-Esprit de Dieu car, par cet Esprit, Dieu vous a marqués de son sceau comme sa propriété pour le jour de la délivrance finale. (HCSB)

2. _____

> 🖐 Frottez les yeux comme si vous étiez en train de pleurer et hochez la tête du droit à gauche pour « non ».

−Ephésiens 5:18− Ne vous enivrez pas de vin, cela vous conduirait à une vie de désordre, mais laissez-vous constamment remplir par l'Esprit. (NLT)

3. _____

> 🖐 Faites un mouvement débordant avec les deux mains à partir de vos pieds jusqu'au-dessus de votre tête.

−1 Thessaloniciens 5:19− N'empêchez pas l'Esprit de vous éclairer ; (NASB)

4. _____

> 🖐 Soulevez l'index de la main droite, tenez le comme une bougie. Faites semblant de vouloir l'éteindre. Hochez la tête du droit à gauche pour « non ».

Verset à apprendre par cœur

–Jean 7:38– « *Si quelqu'un a soif, qu'il vienne à moi, et que celui qui croit en moi boive.* » *Car, comme le dit l'Ecriture, des fleuves d'eau vive jailliront de lui; (NLT)*

Pratique

« La personne *qui habite le plus loin de l'endroit où la rencontre a lieu* sera le leader. »

Fin

Jésus Est Ici ✆

–Hébreux 13:8– Jésus-Christ est le même hier, aujourd'hui, et pour toujours. (CEV)

–Matthieu 15:30-31– Des foules nombreuses vinrent auprès de lui et, avec elles, des paralysés, des aveugles, des sourds-muets, des estropiés et beaucoup d'autres malades. On les amena aux pieds de Jésus, et il les guérit. La foule s'émerveillait de voir les sourds-muets parler, les estropiés reprendre l'usage de leurs membres, les paralysés marcher, les aveugles retrouver la vue, et tous se mirent à chanter la gloire du Dieu d'Israël. (NASB)

–Jean 10:10– Le voleur vient seulement pour voler, pour tuer et pour détruire. Moi, je suis venu afin que les hommes aient la vie, une vie abondante.

7

Aller

Dans la section *Aller* Jésus est présenté comme un Chercheur : les chercheurs cherchent de nouveaux endroits, des gens perdus et de nouvelles opportunités. Comment Jésus a-t-il décidé où aller et où être pasteur ? Il ne l'a pas fait Lui-même; Il a regardé pour voir où Dieu travaillait; Il a rejoint Dieu; et Il savait que Dieu l'a aimé et il le Lui montrerait. Comment devrions-nous décider où être pasteurs ? – exactement de la même façon que Jésus l'a fait.

Où est-ce que Dieu travaille ? Il travaille parmi les pauvres, les captifs, les malades et les opprimés. Un autre endroit où Dieu travaille est dans nos familles. Il veut sauver notre famille entière. Les apprenants localisent les gens et les endroits où Dieu travaille sur leurs Carte des 29 Actes.

Louanges

Priere

1. Comment est-ce que je peux prier pour les personnes perdues mais dont tu sais qu'elles peuvent être sauvées ?
2. Comment est-ce que nous pouvons prier pour le groupe que nous formons ?

Etude

Révision

Quelles Sont les Huit Images qui Nous Aident à Suivre Jésus ?

Amour
Nommez trois choses qu'un berger fait !
Quel est le commandement le plus important à enseigner aux autres ?
D'où vient l'amour ?
Que signifie l'Adoration Pure ?
Pourquoi est-ce que nous avons l'Adoration Pure ?
Il faut combien de personnes pour l'Adoration Pure ?

Prier
Nommez trois choses qu'un Saint fait !
Comment est-ce que nous devrions prier ?
Comment est-ce que Dieu nous répondra ?
Quel est le numéro de téléphone de Dieu ?

Obéir

Nommez trois choses qu'un serveur fait !
Qui a le plus grand pouvoir ?
Nommez les quatre commandements que Jésus a donnés à chaque croyant !
Comment est-ce que nous devrions obéir à Jésus ?
Nommez la promesse que Jésus a faite à chaque croyant !

Marcher

Nommez trois choses qu'un fils fait !
Quelle a été la source de la puissance dans le Ministère de Jésus ?
Qu'est-ce que Jésus a promis aux croyants sur le Saint Esprit avant la crucifixion ?
Qu'est-ce que Jésus a promis aux croyants sur le Saint Esprit après sa résurrection ?
Nommez les quatre commandements à suivre au sujet du Saint Esprit !

A quoi ressemble Jésus ?

—Luc19:10— Car le Fils de l'homme est venu chercher et amener au salut ce qui était perdu. (NASB)

 Regardez en avant et en arrière, la main au-dessus des yeux.

Nommez Trois Choses qu'un Chercheur Fait !

—Marc 1:37-38— Quand ils l'eurent trouvé, ils lui dirent : Tout le monde te cherche. Allons ailleurs, leur répondit-il, dans les villages voisins ! Il faut que j'y apporte aussi mon message. Car c'est pour cela que je suis venu.

1. _____

2. _____

3. _____

Comment est-ce que Jésus A Choisi Où Etre Pasteur ?

—Jean 5:19-20— Jésus répondit à ces reproches en leur disant: « Vraiment, je vous l'assure: le Fils ne peut rien faire de sa propre initiative; il agit seulement d'après ce qu'il voit faire au Père. Tout ce que fait le Père, le Fils le fait également, car le Père aime le Fils et lui montre tout ce qu'il fait. Il lui donnera même le pouvoir d'accomplir des œuvres plus grandes que toutes celles que vous avez vues jusqu'à présent, et vous en serez ravis. » "Jesús dijo, 'Yo no hago nada solo.'"

1. _____

   ✋ Mettez une main sur la poitrine et hochez la tête du droit à gauche pour « non ».

2. _____

   ✋ Couvrez les yeux d'une main ; cherchez la droite et la gauche.

3. _____

   ✋ Indiquez un endroit devant vous et hochez la tête du haut en bas pour « oui ».

4. _____

> ✋ Levez les mains comme pour les louanges ensuite mettez-les en forme de croix sur votre poitrine.

Comment est-ce que Nous Devrions Choisir Où Etre Pasteurs ?

> *–1 Jean 2:5- 6– Celui qui observe sa Parole montre par là qu'il aime vraiment Dieu de façon parfaite. C'est ainsi que nous savons que nous sommes unis à lui. Celui qui prétend qu'il demeure en Christ doit aussi vivre comme le Christ lui-même a vécu. (NLT)*

Comment est-ce que Nous Pouvons Savoir Si Dieu Travaille ?

> *–Jean 6:44– Personne ne peut venir à moi si le Père qui m'a envoyé ne l'attire, et moi, je le ressusciterai au dernier jour.*

Où Travaille Jésus ?

> *–Luc 4:18-19– L'Esprit du Seigneur repose sur moi parce qu'il m'a désigné par l'onction pour annoncer une bonne nouvelle aux pauvres. Il m'a envoyé pour proclamer aux captifs la libération, aux aveugles le recouvrement de la vue, pour apporter la délivrance aux opprimés et proclamer l'année de grâce accordée par le Seigneur.*

1. _____

2. _____

3. _____

4. _____

Nommez Un Autre Endroit Où Jésus Travaille !

Le démoniaque - Marc 5

Corneille – Actes 10

Geôlier à Philippes – Actes 16

Verset à apprendre par cœur

–Jean 12:26– Si quelqu'un veut être à mon service, qu'il me suive. Là où je serai, mon serviteur y sera aussi. Si quelqu'un est à mon service, le Père lui fera honneur. (NLT)

PRATIQUE

« La personne *qui a le plus de frères et de sœurs* de la paire sera le leader. »

FIN

La Cartes de 29 Actes - Partie 2 ☙

8

Partager

Dans la section *Partager*, Jésus est présenté en tant que soldat : les soldats combattent les ennemis, supportent les difficultés, et relâchent les captifs. Jésus est un soldat ; quand nous Le suivons, nous serons des soldats, aussi.

Dès que nous joindrons Dieu là où il travaille, nous nous engageons dans la guerre spirituelle. Comment les croyants vainquent-ils Satan ? Nous le vainquons par la mort de Jésus sur la croix, par le partage de notre témoignage, et par ne pas avoir peur de mourir pour notre foi.

Un témoignage puissant inclut partager l'histoire de ma vie avant que j'aie rencontré Jésus, comment j'ai rencontré Jésus, et la différence faite par la marche avec Jésus dans ma vie. Les témoignages sont plus efficaces quand nous limitons notre histoires à trois ou quatre minutes, quand nous n'indiquons pas notre âge de conversion (parce que l'âge n'a pas d'importance), et quand nous employons un langage que les non-croyants peuvent comprendre facilement.

Les sessions finissent avec un concours : qui peut écrire le plus rapidement les noms de 40 personnes perdues qu'il/elle connait. Il y a le premier, se deuxième et le troisième prix, mais finalement chacun obtient un prix parce que nous sommes tous des « gagnants » quand nous savons comment témoigner.

LOUANGES

PRIERE

1. Comment est-ce que je peux prier pour les personnes perdues mais dont tu sais qu'elles peuvent être sauvées ?
2. Comment est-ce que nous pouvons prier pour le groupe que nous formons ?

ETUDE

Révision

Quelles Sont les Huit Images qui Nous Aident à Suivre Jésus ?

Prier
Nommez trois choses qu'un saint fait !
Comment est-ce que nous devrions prier ?
Comment est-ce que Dieu nous répondra ?
Quel est le numéro de téléphone de Dieu ?

Obéir
Nommez trois choses qu'un serveur fait !
Qui a le plus grand pouvoir ?

Nommez les quatre commandements que Jésus a donnés à chaque croyant !
Comment est-ce que nous devrions obéir à Jésus ?
Nommez la promesse que Jésus a faite à chaque croyant !

Marcher
Nommez trois choses qu'un fils fait !
Quelle a été la source de la puissance dans le Ministère de Jésus ?
Qu'est-ce que Jésus a promis aux croyants sur le Saint Esprit avant la crucifixion ?
Qu'est-ce que Jésus a promis aux croyants sur le Saint Esprit après sa résurrection ?
Nommez les quatre commandements à suivre au sujet du Saint Esprit !

Aller
Nommez trois choses qu'un chercheur fait.
Comment est-ce que Jésus a choisi où être pasteur ?
Comment est-ce que nous devrions décider où être pasteurs ?
Comment est-ce que nous pouvons savoir si Dieu travaille ?
Où est-ce que Jésus travaille-t-il ?
Nommez un autre endroit où Jésus travaille.

A quoi ressemble Jésus ?

> *—Matthieu 26:53— Penses-tu donc que je ne pourrais pas faire appel à mon Père? A l'instant même, il enverrait des dizaines de milliers d'anges à mon secours. (CEV)*

 Soulevez l'épée.

Nommez Trois Choses qu'un Soldat Fait !

-Marc 1:12-15– Aussitôt après, l'Esprit poussa Jésus dans le désert. Il y resta quarante jours et y fut tenté par Satan. Il était avec les bêtes sauvages, et les anges le servaient. Lorsque Jean eut été arrêté, Jésus se rendit en Galilée. Il y prêcha la Bonne Nouvelle qui vient de Dieu. Il disait: « Le temps est accompli. Le règne de Dieu est proche. Changez et croyez à la Bonne Nouvelle. » (CEV)

1. _____
2. _____
3. _____

Comment est-ce que Nous Vainquons Satan ?

–Révélation 12:11– Et ils l'avaient défendu par le pouvoir de l'Anneau et par leur testament. Et ils n'ont pas aimé leurs vie trop et ils ont eu peur de la mort. (NLT)

1. _____

   ✋ Touchez les deux paumes de vos mains avec votre majeur – la crucifixion dans le langage des signes.

2. _____

   ✋ Mettez les mains autour de la bouche comme si vous parliez à quelqu'un.

3. _____

   ✋ Mettez les poignets ensemble, comme dans des chaînes.

Quel Est l'Ebauche d'Un Témoignage Puissant ?

1. _____

   ✋ Indiquez le côté gauche devant vous.

2. _____

   ✋ Indiquez le centre devant vous.

3. _____

   ✋ Tournez à droite et bougez les mains en haut et en bas.

4. _____

   ✋ Indiquez votre temple comme si vous pensiez à une question.

Pourquoi Est-Il Si Important de Suivre les Lignes Directrices ?

1. _____

2. _____

3. _____

Verset à apprendre par cœur

−1 Corinthiens 15:3, 4− Je vous ai transmis, comme un enseignement de première importance, ce que j'avais moi-même reçu: le Christ est mort pour nos péchés, conformément aux Ecritures; il a été mis au tombeau, il est ressuscité le troisième jour, comme l'avaient annoncé les Ecritures.

PRATIQUE

« La personne la plus bruyante sera le leader, elle passera en premier. »

Sel et Sucre ଔ

FIN

Qui Peut Ecrire Le Nom De 40 Personnes Perdues Le Plus Vite ? ଔ

9

Semer

Dans la section *Semer* Jésus nous est présenté en tant que semeur : les semeurs plantent des graines, labourent leurs terres, et se réjouissent d'une grande récolte. Jésus est un Semeur et Il vit dans nous ; puisque nous Le suivons, nous serons des semeurs aussi. Quand nous semons peu, nous récoltons peu. Quand nous semons beaucoup, nous récoltons beaucoup.

Que devrions-nous semer dans les vies des gens ? L'Evangile seule peut les transformer et les emmener de nouveau dans la famille de Dieu. Une fois que nous savons que Dieu travaille dans la vie d'une personne, nous partageons l'Evangile avec elle. Nous savons que c'est la puissance de Dieu de les sauver.

Louanges

Priere

1. Comment est-ce que je peux prier pour les personnes perdues mais dont tu sais qu'elles peuvent être sauvées ?
2. Comment est-ce que nous pouvons prier pour le groupe que nous formons ?

Etude

Révision

Quelles Sont les Huit Images qui Nous Aident à Suivre Jésus ?

Obéir
Nommez trois choses qu'un serveur fait !
Qui a le plus grand pouvoir ?
Nommez les quatre commandements que Jésus a donnés à chaque croyant !
Comment est-ce que nous devrions obéir à Jésus ?
Nommez la promesse que Jésus a faite à chaque croyant !

Marcher
Nommez trois choses qu'un fils fait !
Quelle a été la source de la puissance dans le Ministère de Jésus ?
Qu'est-ce que Jésus a promis aux croyants sur le Saint Esprit avant la crucifixion ?
Qu'est-ce que Jésus a promis aux croyants sur le Saint Esprit après sa résurrection ?
Nommez les quatre commandements à suivre au sujet du Saint Esprit !

Aller
Nommez trois choses qu'un chercheur fait.
Comment est-ce que Jésus a choisi où être pasteur ?
Comment est-ce que nous devrions décider où être pasteurs ?
Comment est-ce que nous pouvons savoir si Dieu travaille ?
Où est-ce que Jésus travaille-t-il ?
Nommez un autre endroit où Jésus travaille.

Partager
Nommez trois choses qu'un soldat fait !
Comment est-ce que nous vainquons Satan ?
Quelle est l'ébauche d'un témoignage puissant ?
Quelles sont les lignes directrices les plus importantes à respecter ?

A quoi ressemble Jésus ?

> *—Matthieu 13:36,37— Alors Jésus laissa la foule et il rentra dans la maison. Ses disciples vinrent auprès de lui et lui demandèrent: « Explique-nous la parabole de la mauvaise herbe dans le champ. » Il leur répondit: « Celui qui sème la bonne semence, c'est le Fils de l'homme; » (NASB)*

 Semez la graine de la main.

Nommez Trois Choses qu'Un Semeur Fait !

> *—Marc 4:26-29— Il dit aussi: Il en est du royaume de Dieu comme d'un homme qui a répandu de la semence dans son champ. A présent, qu'il dorme ou qu'il veille, la nuit comme le jour, le grain germe et la plante grandit sans qu'il s'en préoccupe. D'elle-même, la terre fait pousser le blé: d'abord la*

tige, puis l'épi vert, et enfin les grains de blé remplissant cet épi. Et lorsque le grain est prêt à être cueilli, l'homme y porte aussitôt la faucille, car la moisson est prête. (CEV)

1. _____

2. _____

3. _____

What is the Simple Gospel?

–Luc 24:1-7– Le dimanche matin de très bonne heure, les femmes se rendirent au tombeau emportant les huiles aromatiques qu'elles avaient préparées. Elles découvrirent que la pierre fermant l'entrée du sépulcre avait été roulée à quelque distance de l'ouverture. Elles pénétrèrent à l'intérieur, mais ne trouvèrent pas le corps du Seigneur Jésus. Pendant qu'elles en étaient encore à se demander ce que cela signifiait, deux personnages vêtus d'habits étincelants se tinrent tout à coup devant elles. Elles étaient tout effrayées et baissaient les yeux vers le sol. Ils leur dirent alors: « Pourquoi cherchez-vous parmi les morts celui qui est vivant? Il n'est plus ici, mais il est ressuscité. Rappelez-vous ce qu'il vous disait quand il était encore en Galilée: «Il faut que le Fils de l'homme soit livré entre les mains des pécheurs, qu'il soit crucifié, et qu'il ressuscite le troisième jour.» »

PREMIEREMENT ...

1. _____

✋ Faites un grand cercle de la main.

2. _____

   ✋ Joignez les mains.

DEUXIEMEMENT ...

1. _____

   ✋ Soulevez les poings et faites semblant de combattre.

2. _____

   ✋ Joignez les mains et tirez-les loin, très loin.

TROISIEMEMENT ...

1. _____

   ✋ Soulevez les mains au-dessus de la tête et faites un mouvement du haut en bas.

2. _____

   ✋ Mettez le majeur de chaque main dans la paume de l'autre.

3. _____

   🖐 Tenez votre coude droit avec votre main gauche et bougez votre bras gauche en arrière comme s'il était enterré.

4. _____

   🖐 Soulevez le bras et soutenez-le avec trois doigts.

5. _____

   🖐 Baissez les mains, les paumes vers l'extérieur. Puis, soulevez les bras et croissez-les sur votre poitrine.

QUATRIEMEMENT ...

1. _____

   🖐 Levez les mains vers celui dans lequel vous croyez.

2. _____

   🖐 Les paumes sont la protection extérieure du visage; la tête détournée.

3. _____

   🖐 Mains évasées.

4. _____

✋ Joignez les mains.

Verset à apprendre par cœur

–Luc 8:15– Enfin, «la semence tombée dans la bonne terre», ce sont ceux qui, ayant écouté la Parole, la retiennent dans un c'ur honnête et bien disposé. Ils persévèrent et ainsi portent du fruit.

- Tout le monde est debout et récite ensemble le verset à mémoriser dix fois. Les six premières fois, les apprenants utilisent leur Bible ou leurs notes. Les quatre dernières fois, ils récitent le verset par cœur. Les apprenants devraient indiquer la référence du verset avant de le réciter, et s'assoir après avoir fini.

Pratique

Fin

Où est Actes 29 : 21 ? ☙

Carte des 29 Actes – Partie 3 ☙

10

Prendre

La section *Prendre* est la séance de clôture pour le séminaire. Jésus nous a donné le commandement de prendre notre croix et de Le suivre chaque jour. La Carte des 29 Actes est une image de la croix que Jésus a appelé chaque apprenant à porter.

Dans cette session finale, les apprenants présentent leur Carte des 29 Actes au groupe. Après chaque présentation, le groupe met les mains sur le présentateur et sur la Carte des 29 Actes, en priant pour la bénédiction de Dieu et en oignant leur ministère. Ensuite, le groupe met au défi le présentateur en répétant le commandement, « Chargez-vous de votre croix, et suivez Jésus, » trois fois. Les apprenants présentent leur Carte des 29 Actes à leur tour jusqu'à ce que tous aient fini. Le cours de formation finit avec une chanson d'adoration d'engagement de former des disciples et une prière de clôture fait par un leader spirituel reconnu.

Louanges

Priere

Révision

Quelles Sont les Huit Images qui Nous Aident à Suivre Jésus ?

Multiplier
Nommez trois choses qu'un commissaire fait ?
Quel a été le premier commandement donné par Dieu à l'homme ?
Quel a été le dernier commandement donné par Jésus à l'homme ?
Comment est-ce que je peux être fécond et me multiplier ?
Quelles sont les deux mers d'Israël ?
Pourquoi est-ce qu'elles sont si différentes ?
A quelle mer est-ce que je veux ressembler ?

Amour
Nommez trois choses qu'un berger fait !
Quel est le commandement le plus important à enseigner aux autres ?
D'où vient l'amour ?
Que signifie l'Adoration Pure ?
Pourquoi est-ce que nous avons l'Adoration Pure ?
Il faut combien de personnes pour l'Adoration Pure ?

Prier
Nommez trois choses qu'un berger fait !
Comment est-ce que nous devrions prier ?
Comment est-ce que Dieu nous répondra ?
Quel est le numéro de téléphone de Dieu ?

Obéir

Nommez trois choses qu'un serveur fait !
Qui a le plus grand pouvoir ?
Nommez les quatre commandements que Jésus a donnés à chaque croyant !
Comment est-ce que nous devrions obéir à Jésus ?
Nommez la promesse que Jésus a faite à chaque croyant !

Marcher

Nommez trois choses qu'un fils fait !
Quelle a été la source de la puissance dans le Ministère de Jésus ?
Qu'est-ce que Jésus a promis aux croyants sur le Saint Esprit avant la crucifixion ?
Qu'est-ce que Jésus a promis aux croyants sur le Saint Esprit après sa résurrection ?
Nommez les quatre commandements à suivre au sujet du Saint Esprit !

Aller

Nommez trois choses qu'un chercheur fait.
Comment est-ce que Jésus a choisi où être pasteur ?
Comment est-ce que nous devrions décider où être pasteurs ?
Comment est-ce que nous pouvons savoir si Dieu travaille ?
Où est-ce que Jésus travaille-t-il ?
Nommez un autre endroit où Jésus travaille.

Partager

Nommez trois choses qu'un soldat fait !
Comment est-ce que nous vainquons Satan ?
Quelle est l'ébauche d'un témoignage puissant ? Quelles sont les lignes directrices les plus importantes à respecter ?

Semer

Nommez trois choses qu'un semeur fait !
Qu'est-ce que c'est l'Evangile simple que nous partageons ?

ETUDE

Qu'est-ce Que Jésus Commande à Ses Disciples de Faire Chaque Jour ?

–Luc 9:23– Puis, s'adressant à tous, il dit: Si quelqu'un veut me suivre, qu'il renonce à lui-même, qu'il se charge chaque jour de sa croix, et qu'il me suive.

_____

Quelles Sont Les Quatre Voix Qui Nous Appellent à Prendre Notre Croix ?

–Marc 16:15– Et il leur dit: « Allez dans le monde entier, annoncez la Bonne Nouvelle à tous les hommes. » NLT

1. _____

   ✋ Soulevez le doigt vers le ciel.

–Luc 16:27-28– «Dans ce cas, dit alors le riche, je t'en conjure, père, envoie au moins Lazare dans la maison de mon père, car j'ai cinq frères; qu'il les avertisse pour qu'ils n'aboutissent pas, eux aussi, dans ce lieu de tourments.» (HCSB)

2. _____

   ✋ Indiquez, du doigt, la terre.

—1 Corinthiens 9:16— *En effet, je n'ai pas à m'enorgueillir de ce que j'annonce la Bonne Nouvelle: c'est une obligation qui m'est imposée. Malheur à moi si je n'annonce pas la Bonne Nouvelle!*

3. _____

✋ Indiquez, du doigt, votre cœur.

—Actes 16:9— *Là, Paul eut une vision au cours de la nuit: un Macédonien se tenait devant lui et le suppliait: « Viens en Macédoine et secours-nous! » (NLT)*

4. _____

✋ Mains évasées vers le groupe et faites le geste de 'viens ici'.

LA CARTE DES 29 ACTES ൙

Formation des formateurs

Cette partie nous montre comment former des formateurs de manière reproductible. D'abord, nous partagerons avec vous les résultats auxquels vous pouvez raisonnablement vous attendre après la formation des autres avec la Formation de Véritables Disciples du Christ. Puis, nous décrirons pour vous le processus de la formation, qui inclut 1) l'adoration, 2) la prière, 3) l'étude et 4) l'action, basée sur le commandement le plus important. En conclusion, nous partageons certains principes clés dans la formation des formateurs que nous avons découverts tout en formant de milliers de formateurs.

Résultats

Après avoir achevé le cours Former de Véritables Disciples du Christ, les apprenants seront qualifiés pour:

- Enseigner dix leçons de base sur les disciples, basées sur le Christ tout en utilisant un processus reproductible de formation.
- Se souvenir huit images claires qui présentent un disciple de Jésus.
- Guider un petit group dans l'expérience de l'adoration basée sur le commandement le plus important.

- Partager, avec confiance, un témoignage puissant et une présentation de l'évangile.
- Présenter une vision concrète pour se faire comprendre par les perdus et pour former des croyants tout en employant une carte Actes 29.
- Fonder un groupe de disciples (dont certains deviendront des églises) et former d'autres à faire de même.

Processus

Chaque séance suit le même format. Vous pouvez trouver ci-dessous l'ordre et le programme estimatif:

ADORATION

- 10 minutes
- Invitez quelqu'un à ouvrir la session, en priant Dieu pour la bénédiction et montrer le chemin pour chacun dans le groupe. Nommez quelqu'un dans le groupe pour chanter quelques hymnes (selon votre contexte); un instrument est facultatif.

PRIERE

- 10 minutes
- Divisez les apprenants en paires avec quelqu'un qui n'a pas été partenaire avant. Les partenaires partagent la réponse à deux questions:

    1. Comment pouvons-nous prier pour les personnes perdues dont vous savez qu'elles peuvent être sauvées ?

2. Comment pouvons-nous prier pour le groupe que vous êtes en train de former ?

- Au cas où un apprenant n'a pas encore formé un groupe, son partenaire devrait travailler avec lui pour développer une liste potentielle d'amis et de membre de la famille à former, puis prier avec l'apprenant pour les personnes sur la liste.

ETUDE

Le système *Formation à Suivre Jésus* utilise le processus suivant: Louage, Prière, Etude et Pratique. Ce processus est basé sur le modèle de la simple adoration qui est expliqué à partir de la page 33. Pour les dix leçons dans le manuel SFJ, la session «Etude» est décrite ci-dessous.

- 30 minutes
- Chaque section d' « Etude » commence par la « Révision. » C'est une révision des huit images du Christ et des leçons maîtrisées jusqu'à présent. Vers la fin de la formation, les apprenants seront capables d'exposer la formation entière par cœur.
- Après la «Révision» le formateur ou l'apprenti enseigne aux apprenants la leçon du jour, tout en soulignant que les apprenants devraient écouter très attentivement parce qu'ils se formeront l'un l'autre après.
- Quand les formateurs présentent la leçon, ils devraient employer l'enchaînement suivant :

  1. Poser la question
  2. Lire les Saintes Écritures
  3. Encourager les apprenants à répondre à la question

Ce processus place la parole de Dieu et non le professeur comme autorité pour la vie. Trop souvent, les professeurs posent une question, donnent la réponse, et soutiennent leur réponse à l'aide des Saintes Écritures. Cet enchaînement met le professeur comme autorité, plutôt que la parole de Dieu.

- Au cas où les apprenants répondent à la question de manière incorrecte, ne les corrigez pas, mais demandez aux participants de lire le passage des Saintes Écritures à haute voix et de répondre à nouveau.
- Chaque leçon se termine par un verset qu'il faut apprendre par cœur. Les formateurs et les apprenants se groupent et récitent le verset dix fois, en exposant la référence du verset, suivie par le verset. Les apprenants peuvent utiliser leurs Bibles ou les guides d'apprenants pour les six premières fois qu'ils récitent le verset. Cependant, les quatre dernières fois, le groupe récite le verset par cœur. Tout le groupe récite le verset dix fois, puis s'assoit.

PRATIQUE

- 30 minutes
- Précédemment, les formateurs ont divisé les apprenants pour le moment de la « Prière ». Leur partenaire de prière est aussi leur partenaire pour la pratique.
- Chaque leçon a une méthode pour choisir qui sera le «leader» de la paire. Le leader est la personne qui va enseigner en premier. Le formateur indique au groupe le mode de sélection du leader de la paire.
- Tout en imitant les formateurs, le leader enseigne à son partenaire. La période de formation devrait inclure la révision et la nouvelle leçon, et finir par le verset qu'il faut apprendre par cœur. Les apprenants sont debout pour réciter le « Verset qu'il faut apprendre par cœur »

- et prennent place quand c'est fini, ainsi les formateurs peuvent voir quels sont les apprenants qui ont terminé.
- Quand la première personne dans une paire finit, la deuxième personne répète le processus, de cette façon ils peuvent pratiquer la formation aussi. Assurez-vous que le groupe ne laisse pas de côté des parties du processus ou ne prend pas des raccourcis dans le processus.
- Promenez-vous dans la salle lorsqu'ils pratiquent pour vous assurer qu'ils vous copient exactement. S'ils ne font pas le geste de la main cela veut dire qu'ils ne vous copient pas. Souligner à plusieurs reprises qu'ils doivent copier votre style.
- Invitez-les à trouver un nouveau partenaire et à pratiquer à nouveau, à tour de rôle.

FIN

- 20 minutes
- La majorité des sessions finissent avec une activité pratique d'étude. Laissez aux apprenants assez de temps pour travailler sur la Carte Actes 29 et encouragez-les à faire un tour et à obtenir les idées des autres pendant qu'ils travaillent.
- Faites toutes les annonces nécessaires, et puis demandez à quelqu'un de faire une bénédiction sur la session. Demandez à quelqu'un qui n'a pas prié avant de le faire - vers la fin de la formation, chacun aurait dû finir par une prière au moins une fois.

Adoration pure

L'adoration pure est une partie très importante du cours Formation à Suivre Jésus – une des compétences clé pour former des disciples. Basée sur Le Plus Grand Commandement, L'Adoration Pure enseigne aux gens comment obéir au commandement d'aimer Dieu de tout le cœur, de toute leur âme et de tout leur esprit.

Dieu a béni les petits groupes dans toute l'Asie du Sud-Est qui ont découvert qu'ils peuvent pratiquer l'adoration pure où que ce soit – à la maison, au restaurant, dans le parc, à l'école du dimanche, même à Pagoda!

Processus

- Formez de groupes de quatre.
- Chaque personne prend une partie différente de l'Adoration Pure.
- Chaque fois que vous pratiquez l'Adoration Pure, les apprenants échangent les parties de l'Adoration Simple qu'ils ont, ainsi vers la fin du cours ils auraient fait chaque partie au moins deux fois.

Adoration

- Une personne dirige le groupe pour chanter deux chœurs ou hymnes (selon votre contexte).
- Les instruments ne sont pas nécessaires.
- Pendant le cours, invitez les apprenants à placer leurs chaises comme s'ils étaient assis ensemble autour d'une table dans un café.
- Chaque groupe chantera des chansons différentes ce qui n'est pas mal du tout.
- Expliquez au groupe que c'est le moment de rendre gloire à Dieu de tout leur cœur en tant que groupe, et non pas de voir quel groupe peut chanter le plus fort.

Prière

- *Une autre* personne (différente de celle qui les dirigeait à rendre gloire) dirige le moment de prière du group.
- Le chef d'orchestre demande à chacun des membres de groupe une demande de prière et l'écrit sur une feuille de papier.
- Le chef d'orchestre s'engage à prier pour ces demandes jusqu'à ce que le groupe se réunisse de nouveau.
- Après que chaque personne ait partagé sa demande de prière, le chef d'orchestre prie pour le groupe.

Etude

- Une *autre* personne dans le groupe de quatre dirige le moment d'étude du groupe.
- Le responsable de l'étude raconte une histoire de la Bible avec ses propres mots; nous suggérons des histoires des Évangiles, au moins pour le début.

- Selon chaque groupe, vous pouvez demander aux responsables de lecture de lire tout d'abord l'histoire de la Bible et ensuite de la raconter par ses propres mots.
- Après que les responsables de lecture aient raconté l'histoire de la Bible, ils posent à leur groupe trois questions :

    1. Qu'est-ce que l'histoire nous enseigne sur Dieu ?
    2. Qu'est-ce que l'histoire nous enseigne sur les gens ?
    3. Qu'est-ce que j'ai appris de l'histoire et qui m'aidera à suivre la parole de Jésus ?

- Le groupe fait des débats sur la question jusqu'au moment où le responsable de lecture considère que la discussion stagne, ensuite le responsable passe à la question suivante.

Pratique

- Une autre personne dans le groupe de quatre dirige le temps de pratique du groupe.
- Le responsable de la pratique aide le groupe à passer en revue la leçon et s'assure que chacun comprend la leçon et peut l'enseigner aux autres.
- Le responsable de la pratique raconte la même histoire de la Bible que le responsable de la lecture avait racontée.
- Le responsable de la pratique pose les mêmes questions que le responsable de la lecture et le groupe discute chaque question de nouveau.

Fin

- Le groupe pour l'Adoration Pure termine le cours en chantant un autre chant de louange, ou en disant la prière Notre Père ensemble.

Etudes Approfondies

Consultez les ressources suivantes pour des discussions plus approfondies du sujet présenté. Dans de nouveaux domaines de la mission cela représente également une bonne liste des premiers livres à traduire après la Bible.

Billheimer, Paul (1975). *Destined for the Throne.* Christian Literature Crusade.

Blackaby, Henry T. and King, Claude V (1990).*Experiencing God: Knowing and Doing the Will of God.*Lifeway Press.

Bright, Bill (1971). *How to Be Filled with the Holy Spirit.* Campus Crusade for Christ.

Carlton, R. Bruce (2003). *Acts 29: Practical Training in Facilitat-ing Church-Planting Movements among the Neglected Harvest Fields.* Kairos Press.

Chen, John. *Training For Trainers (T4T).*Non-publié, pas de date.

Graham, Billy (1978). *The Holy Spirit. Activating God's Power in Your Life.* W Publishing Group.

Hodges, Herb (2001). *Tally Ho the Fox! The Foundation for Building World-Visionary, World Impacting, Reproducing Dis-ciples.*Spiritual Life Ministries.

Hybels, Bill (1988). *Too Busy Not to Pray.* Intervarsity Press.

Murray, Andrew (2007). *With Christ in the School of Prayer.* Diggory Press.

Ogden, Greg (2003). *Transforming Discipleship: Making Disciples a Few at a Time.* InterVarsity Press.

Packer, J.I (1993). *Knowing God.* Intervarsity Press.

Patterson, George and Scoggins, Richard (1994). *Church Multiplication Guide.* William Carey Library.

Piper, John (2006). *What Jesus Demands from the World.* Crossway Books.

www.ingramcontent.com/pod-product-compliance
Lightning Source LLC
Chambersburg PA
CBHW071327040426
42444CB00009B/2103